Thomas Oppermann
**Von der EG-Freizügigkeit zur gemeinsamen
europäischen Ausbildungspolitik?**

Schriftenreihe
der
Juristischen Gesellschaft zu Berlin

Heft 109

W
DE
G

1988
Walter de Gruyter · Berlin · New York

Von der EG-Freizügigkeit zur gemeinsamen europäischen Ausbildungspolitik?

Die „Gravier"-Doktrin des Gerichtshofes der Europäischen Gemeinschaften

Von
Thomas Oppermann

Vortrag
gehalten vor der
Juristischen Gesellschaft zu Berlin
am 24. Juni 1987

W
DE
G

1988

Walter de Gruyter · Berlin · New York

Dr. iur. Dr. h. c. Thomas Oppermann
o. Professor für Staats- und Verwaltungsrecht,
Völkerrecht, Europarecht, Auswärtige Politik,
Direktor des Seminars für Völker- und Europarecht
an der Eberhard-Karls-Universität Tübingen

CIP-Kurztitelaufnahme der Deutschen Bibliothek

Oppermann, Thomas:
Von der EG-Freizügigkeit der gemeinsamen europäischen
Ausbildungspolitik?: Die „Gravier"-Doktrin des Gerichtshofes
der Europäischen Gemeinschaften; Vortrag, gehalten vor
d. Jur. Ges. zu Berlin am 24. Juni 1987 /
von Thomas Oppermann. –
Berlin ; New York : de Gruyter, 1988.
  (Schriftenreihe der Juristischen Gesellschaft zu
  Berlin ; H. 109)
  ISBN 3 11 011662 6
NE: Juristische Gesellschaft 〈Berlin, West〉: Schriften-
reihe der Juristischen Gesellschaft e. V. Berlin

I. Berliner und europäische Hintergründe des Themas

Die Thematik „Von der EG-Freizügigkeit zur Gemeinsamen Europäischen Ausbildungspolitik – Die „Gravier"-Doktrin des Gerichtshofes der Europäischen Gemeinschaften" habe ich mir aus mehreren Gründen ausgesucht. Zum einen besteht ein deutlicher Berlin-Bezug. In dieser Stadt befindet sich bekanntlich das Europäische Zentrum für Berufsbildung, eine der wenigen Behörden der EG-Kommission außerhalb Brüssels[1]. Das Zentrum hat die Förderung der gemeinsamen Berufsausbildungspolitik der EG zur Aufgabe, von der Art. 128 EWGV spricht. Ich erinnere etwa an den Europäischen Weiterbildungskongreß, den das Zentrum 1986 mit dem Senat und anderen Organisationen in Berlin veranstaltet hat[2]. Zweitens hat das Bundesverwaltungsgericht in jüngster Zeit einen wichtigen Akzent gesetzt zu der sich seit Jahren immer weiter entwickelnden Rechtsprechung des EuGH, mit der dieser die grenzüberschreitenden Ausbildungsrechte von EG-Bürgern zu stärken sucht, nämlich durch seinen Vorlagebeschluß vom 24. 1. 1985 in der Angelegenheit der britischen Lehramtskandidatin Deborah Lawrie-Blum aus Freiburg i. Br.[3]. Unser heutiges Thema ist aber auch, europäisch gesehen, höchst aktuell. Die Bildungs- und Ausbildungsrechte von EG-Bürgern stellen einen sehr wichtigen und praktischen Ausschnitt des politischen Zieles der Gemeinschaft dar, ein „Europa der Bürger" schaffen zu wollen. Hierum bemühen sich die Europäische Kommission und die Regierungen der EG-Mitgliedstaaten seit den siebziger Jahren zusammen mit der europarechtlichen und europapolitischen Theorie, zu der von Berlin aus meine Kollegen *Eberhard Grabitz* und *Albrecht Randelzhofer* Maßgebliches beigetragen haben[4]. Es geht dabei um nichts weniger, als die Tätig-

---

[1] Errichtet durch die Verordnung Nr. 337/75 vom 26. 5. 1975, ABl. Gem. L 139/1 ff. Das Zentrum gibt u. a. die regelmäßigen „CEDEFOP News / Berufsbildung in Europa" heraus.

[2] CEDEFOP News Nr. 4/1986 und Nr. 9/1986.

[3] DVBl. 1985, S. 742 mit zust. Anm. *Ule*.

[4] Zum Stand des „Europas der Bürger" EG-Kommission (Hrsg.), 20. Gesamtbericht über die Tätigkeit der EG 1986 (1987), S. 136 ff. – Aus der Theorie schon *Grabitz*, Europäisches Bürgerrecht 1970; *Randelzhofer*, Der Einfluß des Völker- und Europarechts auf das deutsche Ausländerrecht, 1980; jetzt insbesondere *Magiera*, Die EG auf dem Wege zu einem Europa der Bürger, DÖV 1987, S. 221 ff.; Ders., Politische Rechte im Europa der Bürger, ZRP 1987, S. 331 ff.

6

keit der Gemeinschaft dem einzelnen Bürger sinnvoll erlebbar zu machen. Europa soll nicht nur eine Sache der Regierungen und Verwaltungen bleiben, deren europäische Leistungen der Bürger allenfalls über ein besseres Warenangebot oder günstige Preise indirekt verspürt. Der EG-Bürger soll vielmehr durch die Gewährleistung persönlicher Rechte – und möglicherweise auch Pflichten! – unmittelbar in den Integrationsprozeß einbezogen werden, damit er, wie es *Siegfried Magiera* kürzlich einmal glücklich ausgedrückt hat, die Europäische Gemeinschaft nicht nur als eine gute, sondern auch als *seine* Sache empfindet[5].

Es ist offensichtlich, daß in diesem Zusammenhang der Ausbau der ursprünglich nur wirtschaftlich gemeinten persönlichen Freizügigkeit eine besondere Rolle spielt, wie sie der EWGV in seinen Art. 48 ff., 52 ff. für Arbeitnehmer und Selbständige vorsieht. Vor allem die Arbeitnehmerfreizügigkeit hat erhebliche Wanderbewegungen innerhalb der Gemeinschaft bewirkt. In der Bundesrepublik Deutschland befinden sich heute bei insgesamt 4,5 Millionen Ausländern ungefährt 1,5 Millionen EG-Ausländer. Viele von ihnen wollen langfristig oder überhaupt verbleiben.

In einer Gemeinschaft, die sich ausweislich ihrer Verfassungsergänzung über die Einheitliche Europäische Akte 1986 mehr denn je von einer wirtschaftlichen zu einer allgemeinpolitisch gemeinten Europäischen Union entwickeln will, gewinnt die personelle Mobilität und Integration der EG-Bürger in einem gemeinschaftsweiten Sinne zunehmende Bedeutung[6]. Um sich über die eigene Staatsangehörigkeit hinaus gleichzeitig als „Gemeinschaftsbürger" empfinden zu können, reicht die rein wirtschaftliche Gleichstellung des „EG-Ausländers" oder das Recht aller EG-Bürger nicht aus, in jedem fünften Jahr zum Europäischen Parlament wählen zu können. Einen entscheidenden Schritt vorwärts in dieser Richtung bedeutet vielmehr die Förderung der allgemeinen sozialen Gleichstellung sowohl des bereits in einen anderen Mitgliedstaat übergesiedelten EG-Bürgers mit seiner Familie, als auch im Sinne der Verbesserung der Chancen überhaupt zu einer Mobilität innerhalb der Gemeinschaft. In diesem Zusammenhang spielen für junge Menschen die Möglichkeiten der freien Wahl des Ausbildungsplatzes über Grenzen hinweg als Voraussetzung späterer Berufsausübung in der Fremde eine besondere Rolle. Damit bin ich wieder bei meinem Thema angelangt, nämlich den Bemühungen des EuGH, durch eine bewußte integrationsfördernde

---

⁵ *Magiera* (Fn. 4), DÖV 1987, S. 221.
⁶ Die EEA vom 17. 2. 1986 (Text u. a. BGBl. 1986 II, S. 1102) spricht den EG-Bürger allerdings nur begrenzt in der Präambel und bei der Sozialpolitik (neue Art. 118 a, b EWGV) an. Grundsätzlich zur EEA *Hrbek/Läufer*, Die Einheitliche Europäische Akte, Europa-Archiv 1986, S. 173 ff.

Rechtsprechung einen richterrechtlichen Beitrag zu diesem „Europa der Bürger" zu leisten. Mein persönliches Interesse an diesen Fragen ergab sich aus langjähriger Beschäftigung sowohl mit dem Europäischen Gemeinschaftsrecht als auch mit dem deutschen Bildungsrecht. Auf diese Weise habe ich 1986 in einem Rechtsgutachten für den BMBW einige Spezialfragen des heutigen Themas behandelt[7]. Ich freue mich, daß mir dieser Vortrag Gelegenheit gibt, die dahinterstehenden grundsätzlichen Aspekte zu vertiefen.

II. Die Position der Europäischen Gemeinschaft in der Ausbildungspolitik aus der Sicht des Europäischen Gerichtshofes (Die „Gravier"-Doktrin)

Ausgangspunkt für unsere Problematik sind vor allem zwei jüngere Urteile des EuGH vom 13.2.1985 und 3.7.1986, die beide auf Vorlagen nationaler Gerichte, des Tribunal de première instance Lüttich und eben des Bundesverwaltungsgerichts im Verfahren des Art. 177 EWGV ergingen[8]. Nach den Namen der beiden Klägerinnen in den Grundverfahren, der französischen Studentin Françoise Gravier, die in Belgien keine Studiengebühren bezahlen wollte, und der in Freiburg i. Br. ansässig gewesenen britischen Lehramtskandidatin Deborah Lawrie-Blum, die zum baden-württembergischen Vorbereitungsdienst für Studienreferendare zugelassen werden wollte, spricht man meist vom Gravier- bzw. Lawrie Blum-Urteil. Die für die Einschätzung der Position der EG in der Ausbildungspolitik grundlegenden Aussagen aus Luxemburger Sicht befinden sich in der Gravier-Entscheidung. Deshalb ist gelegentlich bereits von einer „Gravier-Doktrin" des EuGH die Rede gewesen[9]. Auch das Gravier-Urteil ist jedoch nicht unvermittelt vom Himmel gefallen. Es stellt seinerseits eine – allerdings qualitativ sehr wichtige und in manchen Aspekten durchaus fragwürdige – Fortentwicklung einer vorausgehenden Rechtsprechung dar, die bereits 1974 mit dem Urteil „Casagrande" ihren Anfang nahm[10]. Hierauf ist zurückzukommen.

---

[7] *Oppermann*, Europäisches Gemeinschaftsrecht und deutsche Bildungsordnung, 1987.

[8] EuGHE 1985, 593 ff. – RS 293/83 („Gravier") und EuGH, EuGRZ 1986, S. 558 ff. – RS 66/85 („Lawrie Blum").

[9] Zu ihr jetzt auch *Zuleeg*, Die Bedeutung des europäischen Gemeinschaftsrechts für das Ausländerrecht, NJW 1987, S. 2193 ff.

[10] EuGHE 1974, 773 ff. – RS 9/74. Zur Entwicklung dieser Rspr. seither *Oppermann* (Fn. 7), S. 15 ff.

1. Das „Gravier"-Urteil vom 13. Februar 1985

Worum geht es? Zunächst zu „Gravier". Nach belgischem Recht war der dortige Unterrichtsminister seit 1976 ermächtigt, für ausländische Schüler und Studenten, deren Eltern nicht in Belgien wohnten, an bestimmten Unterrichtsanstalten Studiengebühren zu erheben, den sog. „Minerval". Belgische Mitschüler und Mitstudenten brauchten diese Gebühren dagegen nicht zu zahlen. Hintergrund der Regelung war der Gedanke, auf diese Weise auch solche Familien an den Kosten des belgischen Bildungssystems zu beteiligen, die keine Steuern in Belgien zahlten. Belgien zählte, prozentual gesehen, die größte Zahl ausländischer Studenten an seinen Hochschulen. Diese Ausländer-Gebühr wurde auch von der französischen Kunststudentin Françoise Gravier verlangt, die an der Königlichen Kunstakademie Lüttich die Fachrichtung „Comic Strips" studieren wollte. (Wir würden wohl – in gutem Deutsch – „Comics" sagen!).

Als Mlle Gravier wegen der Ungleichbehandlung zu ihren belgischen Mitstudenten die Zahlung verweigerte, wurde sie nicht zum Studium zugelassen. Daraufhin klagte sie. Das belgische Gericht legte daraufhin dem EuGH die beiden folgenden Fragen zur Auslegung des EWGV vor, von denen s. E. die Entscheidung abhing:

1) Ob der Gleichheitssatz des Art. 7 EWGV, der im Anwendungsbereich des Vertrages jede Diskriminierung aus Gründen der Staatsangehörigkeit verbietet, auf diesen Fall anwendbar sei. Das Problem lag darin, daß es sich um eine „EG-ausländische" Studentin handelte, die nur zu Studienzwecken von Frankreich nach Belgien gegangen war. Die Studentin Gravier war also nicht Arbeitnehmerin im Sinne des EWGV oder Angehörige einer Gastarbeiter-Familie, d. h. einer Personengruppe, für die das europäische Gemeinschaftsrecht inzwischen eindeutige Regelungen vorsieht, die Inländergleichbehandlung gewährleisten.

2) Ob der Kunstunterricht in der Fachrichtung „Comics", wie es Art. 7 voraussetzt, in den Anwendungsbereich des EWGV fällt. Dahinter stand der Zweifel, ob es sich hier um *Berufs*ausbildung handelte oder um eine – wir würden sagen: im klassischen Humboldtschen Sinne – *zweckfreie Allgemeinbildung* auf Hochschulebene. Der EWGV, der grundsätzlich ein Vertrag mit wirtschaftlicher und nicht bildungspolitischer Zielsetzung ist, kennt in seinem Art. 128 nämlich diesbezügliche Anknüpfungspunkte lediglich für den Bereich der *Berufs*ausbildung.

In seinem Auslegungsurteil ist der EuGH, der von einem seiner früheren Präsidenten, dem Niederländer *Donner*, nicht ohne Grund einmal als „Kämpfer für die europäische Integration" bezeichnet worden ist, einer langjährigen Tradition treu geblieben, die rechtlich denkbaren

Zuständigkeiten der EG weitmöglichst auslegungsmäßig auszuschöpfen[11]. Im Ergebnis bejaht er beide ihm vorgelegten Fragen. Zentral ist dabei seine Auffassung dazu, wie weit auch die Bildungspolitik Bestandteil des EWGV ist. Hierzu macht das Gericht zwar zunächst den unvermeidlichen Vorbehalt, daß die Organisation des Bildungswesens und die Bildungspolitik als solche nicht zu den Gemeinschaftszuständigkeiten gehören. Die EG ist immer noch im wesentlichen Wirtschafts- und nicht Bildungsgemeinschaft. Mit einer eleganten Nuancierung fährt der EuGH dann aber fort, daß der Zugang zum und die Teilnahme am Unterricht insbesondere in der Lehrlings- und sonstigen Berufsausbildung andererseits „nicht außerhalb des Gemeinschaftsrechts stünden". Dabei kann er im Vertrage auf Art. 128 verweisen, der dem EG-Ministerrat die Zuständigkeit gibt, in bezug auf die Berufsausbildung allgemeine Grundsätze zur Durchführung einer gemeinsamen Politik aufzustellen. Hiervon hat der Rat bereits Gebrauch gemacht, insbesondere mit einem sehr allgemeinen Beschluß aus dem Jahre 1963. In dessen erstem Grundsatz ist von der freien Wahl der Ausbildungsstätte und des Ausbildungsortes für jeden Einzelnen die Rede[12]. Ferner verweist das Gericht auf die Arbeitnehmer-Freizügigkeitsregelungen, die in Ausführung der Art. 48 ff. EWGV erlassen worden sind, mit der GrundVO 1612/68 als wichtigstem Rechtsinstrument[13]. Diese Regelungen gewährleisten sowohl dem im EG-Ausland tätigen Arbeitnehmer als auch dessen mitgezogenen Kindern dort die Teilnahme am allgemeinen Schulunterricht sowie an der Lehrlings- und Berufsausbildung unter den gleichen Bedingungen wie den Staatsangehörigen des Aufnahmestaates. Mittels dieser Verweise folgert der EuGH sodann in der entscheidenden Ziff. 25 des Gravier-Urteils in dem ihm eigenen apodiktischen Urteilsstil:

„Aus dem Vorstehenden ergibt sich, daß die Voraussetzungen für den Zugang zur Berufsausbildung in den Anwendungsbereich des EWG-Vertrages fallen".

An späterer Stelle werden schließlich noch verschiedene Beschlüsse und Entschließungen des EG-Ministerrates aus den siebziger und achtziger

---

[11] Erinnert seit etwa an EuGHE 1964, 1251 ff. – RS 6/64 („Costa/ENEL"), wo der unbedingte Vorrang des Gemeinschaftsrechts entwickelt wurde, oder an EUGHE 1971, 263 ff. – RS 22/70 („AETR"), die Entscheidung, welche die auswärtige Gewalt der EG auszuweiten suchte. Zu der hier gegebenen Problematik *T. Stein*, Richterrecht wie anderswo auch?, FS Juristische Fakultät Heidelberg, 1986, S. 619 ff.
[12] Beschluß 63/226 v. 2.4.1963, ABl. Gem., S. 1338 ff.
[13] Verordnung Nr. 1612/68 v. 15.10.1968, ABl. Gem. L 257, S. 2 ff., insbesondere Art. 12.

Jahren zum Berufsbildungswesen zitiert. Hier bekennt sich der Rat verschiedentlich zur Förderung der beruflichen Bildung durch die Gemeinschaft. Diesen Verlautbarungen kommt jedoch im Sinne des EWGV keine eigentliche Rechtsqualität zu. Es handelt sich vielmehr um politische Willensbekundungen, womit der Rat öfters mangels Zuständigkeit oder Konsenses in unverbindliche Formen ausweicht, die man mit einem völkerrechtlichen Ausdruck bestenfalls als europarechtliches „Soft Law" bezeichnen könnte[14]. Gleichwohl schließt der Gerichtshof aus dieser Entschließungspraxis, daß die gemeinsame europäische Berufsbildungspolitik nach Art. 128 sich schrittweise entwickele. In wahrhafter Kühnheit wird sodann kurzerhand festgestellt, daß die Berufsbildungspolitik wegen der Erfordernisse der Freizügigkeit ein unentbehrlicher Bestandteil der Tätigkeit der Gemeinschaft sei. Daher komme dem *Zugang* zur Berufsausbildung eine besonders freizügigkeitsfördernde Wirkung zu, indem er dem Einzelnen die Möglichkeit gebe, sich Qualifikationen in dem Mitgliedstaat seiner Wahl zu erwerben, in dem er später berufstätig werden will.

Soweit gekommen, kann es dem Gerichtshof dann nicht mehr schwerfallen, die Anwendbarkeit des Gleichbehandlungsgrundsatzes des Art. 7 EWGV auf den Fall der Studentin Gravier zu postulieren, d. h. das Verlangen der belgischen Studiengebühren ihr gegenüber im Ergebnis für gemeinschaftswidrig zu halten. Also ein wahrhaft „gravierendes" Ergebnis! Unvermittelt ist damit nämlich in Gestalt der jungen Französin der Student bzw. die Studentin neben den klassischen EG-Arbeitnehmer und den selbständigen Niederlassungs- oder Dienstleistungsberechtigten als ein dritter Personenkreis getreten, gewissermaßen der „Vor-Arbeitnehmer", der in einem noch näher zu bestimmenden Umfang ebenfalls Nutznießer der Freiheit des Personenverkehrs innerhalb Europas werden soll. Vom „Vor-Arbeitnehmer" bis zum „Vorruhestand" spannt sich dann ein weiter Bogen, hier – mit anderen Worten – ein Bekenntnis zum „Europa der Bürger" durch Richterrecht!

Auch in der Beantwortung der zweiten Frage, was unter „Berufsausbildung" im weitesten Sinne des EWGV alles zu verstehen ist, nimmt der EuGH eine weite Auslegung vor. Entgegen dem engeren schulrechtlichen Sinne, wie er z. B. in Deutschland im Begriff des berufsbildenden im Gegensatz zum allgemeinbildenden Schulwesen mitschwingt, stellt der Gerichtshof nicht auf das Niveau der Ausbildung ab (Schule/Fachhoch-

---

[14] *Bothe*, „Soft Law" in den Europäischen Gemeinschaften?, FS Schlochauer, 1981, S. 761 ff. Zusammenfassung dieser Verlautbarungen im Bildungsbereich in: *Rat der EG/Generalsekretariat* (Hrsg.), Erklärungen zur europäischen Bildungspolitik, 2. Aufl. 1986.

schule/Universität usf.), sondern auf ihre Zweckrichtung. Jede Form der Ausbildung, die auf eine Qualifikation für einen bestimmten Beruf oder eine bestimmte Beschäftigung vorbereitet (also hier die Kunstausbildung in „Comics" beispielsweise für die Tätigkeit als Zeichnerin) ist unabhängig vom Alter und vom Ausbildungsniveau der Schüler und Studenten im gemeinschaftsrechtlichen Sinne Berufsausbildung, selbst dann, wenn der Lehrplan auch allgemeinbildenden Unterricht enthält. In einer späteren einstweiligen Anordnung vom 25. 10. 1985 hat der Präsident des EuGH ausdrücklich festgestellt, daß demnach auch entsprechende universitäre Studiengänge Berufsausbildung in diesem Sinne darstellen[15].

Anders als bei der ersten Frage wird man dieses weite Verständnis heutiger Berufsausbildung als im Einklang mit den Entwicklungen in den nationalen Rechtsordnungen ansehen müssen. Zunächst ist zu berücksichtigen, daß hier, wie an anderen Stellen des Gemeinschaftsrechts, der EuGH vor der Aufgabe steht, eine einheitliche gemeinschaftsrechtliche Begriffsbildung vorzunehmen, die nicht in der Übernahme *einer* bestimmten nationalen Rechtsordnung bestehen kann. Vielmehr muß sich eine solche europäische Begriffsbestimmung einerseits an den Funktionen der Gemeinschaftsnorm orientieren und andererseits im Sinne wertender Rechtsvergleichung sich im Rahmen der erkennbaren Trends der einschlägigen nationalen Begrifflichkeiten halten[16]. Beides weist in Richtung der weiten Betrachtungsweise des EuGH. Da grundsätzlicher Sinn der EG-Freizügigkeit ein möglichst umfassender freier Personenverkehr innerhalb der Gemeinschaft sein soll, der vom Industriearbeiter bis etwa zu den Freien Berufen reicht, muß auch das Ausbildungsniveau entsprechend breit gemeint sein. Es würde keinerlei Sinn machen, z. B. dem Kind einer italienischen Gastarbeiterfamilie in Deutschland den nichtdiskriminierenden Zugang zur Fachhochschule garantieren zu wollen, dagegen nicht zu einer Technischen Universität. Aber auch das allgemeine Verständnis der nationalen Bildungssysteme tendiert heute erkennbar dahin, nicht nur die Ausbildung im berufsbildenden Schulwesen im eigentlichen Sinne, sondern auch die akademischen Studiengänge stärker als früher als berufliche Vorbereitung zu begreifen. § 2 unseres Hochschulrahmengesetzes legt heute davon eindeutiges Zeugnis ab[17]. Man mag es bedauern, daß die allgemeinkulturelle Dimension des Hochschulwesens auf diese Weise zurücktritt, aber die Tatsache als solche ist nicht bestreitbar. Im übrigen

---

[15] Bisher nicht veröffentlicht. Zu ihr *Oppermann* (Fn. 7), S. 4 ff.

[16] Zu den Auslegungsprinzipien im Gemeinschaftsrecht etwa *Bleckmann*, Zu den Auslegungsmethoden des Europäischen Gerichtshofes, NJW 1982, S. 1177 ff.

[17] Dazu *Dallinger*, in: Dallinger/Bode/Dellian (Hrsg.), HRG-Kommentar, 1978, § 2 Rdn. 5 ff.; *Thieme*, Deutsches Hochschulrecht, 2. Aufl. 1986, S. 12.

ist bildungshistorisch daran zu erinnern, daß selbst *Wilhelm v. Humboldts* neuhumanistische Konzeption scheinbar zweckfreier Universitätsbildung „in Einsamkeit und Freiheit", hier in Berlin 1810 ff. erstmals verwirklicht, von Humboldt als eine durchaus mittelbar berufsbildend gemeinte optimale Form der Erziehung der damals erforderlichen schmalen Leistungselite für die staatlichen Führungspositionen gemeint war[18]. So wird man für das funktional weite Verständnis von Berufsausbildung im Sinne des EWGV durch den Gerichtshof Verständnis haben müssen.

2. Das „Lawrie-Blum"-Urteil vom 3. Juli 1986

Bei der kurzen Darstellung des zweiten EuGH-Urteils vom 3. 7. 1986 in Sachen Deborah Lawrie-Blum, ergangen auf Vorlage des Bundesverwaltungsgerichts[19], möchte ich dieses Urteil weniger wegen aller in ihm direkt und indirekt aufgeworfenen Fragen ansprechen, die zum guten Teil in andere Richtung gehen als der Fall „Gravier", sondern nur in Ergänzung zu diesem, wegen der wiederum zu Tage tretenden Entschlossenheit des EuGH, die Prinzipien der EG-Freizügigkeit möglichst weit in die Ausbildungsphase vorzuverlegen, sozusagen im Interesse eines „Europas der jungen Bürger". Frau Lawrie-Blum, britische Staatsangehörige mit damaligem Wohnsitz in Freiburg i. Br. (sie heiratete während des Rechtsstreites einen Deutschen) legte an der Freiburger Universität die Prüfung für das Lehramt an Gymnasien ab, wurde aber vom Oberschulamt Stuttgart nicht zum Vorbereitungsdienst als Studienreferendarin zugelassen. Dies lag daran, daß die hierfür erforderliche Berufung in das Beamtenverhältnis auf Widerruf nach baden-württembergischen Schul- und Beamtenrecht die deutsche Staatsangehörigkeit voraussetzt. Diese Voraussetzung sah Frau Lawrie-Blum als mit ihrem EG-Freizügigkeitsstatus nicht vereinbar an und klagte. Das Verwaltungsgericht Freiburg i. Br. und der Verwaltungsgerichtshof Baden-Württemberg in Mannheim wiesen die Klage unter Verweis auf Art. 48 Abs. 4 EWGV ab, wonach bei Beschäftigung in der öffentlichen Verwaltung keine Freizügigkeit zu gewähren ist. Auch wurde auf den nach dortiger Auffassung nichtwirtschaftlichen Charakter des Lehrerberufes hingewiesen. Das Bundesverwaltungsgericht fühlte sich offenbar als letztinstanzliches Gericht im Sinne von Art. 177 Abs. 3 EWGV zur Vorlage an den EuGH verpflichtet, obwohl es in seinem Vorlagebeschluß die Auffassung der Vorinstanzen grundsätzlich

---

[18] *Oppermann*, Kulturverwaltungsrecht 1969, S. 76 ff.; *Roellecke*, Geschichte des deutschen Hochschulwesens, HdbWissR Bd. 1, 1982, S. 21 ff.

[19] Oben Fn. 3 und dazu die eingehende Stellungnahme von *Forch*, Freizügigkeit für Studienreferendare, NVwZ 1987, S. 27 ff.

teilte, bei der Berufung in das deutsche Beamtenverhältnis zum Zwecke des staatlichen Vorbereitungsdienstes für das Lehramt handele es sich um eine Beschäftigung in der öffentlichen Verwaltung gemäß Art. 48 Abs. 4 EWGV, so daß die Anwendung der EG-Freizügigkeitsregeln ausgeschlossen sei, mit anderen Worten, das nationale Recht die Innehabung seiner Staatsangehörigkeit fordern könne.

An dem Auslegungsurteil des EuGH interessiert hier im Zusammenhang mit der im Mittelpunkt meiner Ausführungen stehenden „Gravier"-Doktrin des Gerichtshofes nicht so sehr das Ergebnis und alle Aspekte der Begründung. Bekanntlich hat der EuGH, anders als das vorlegende Bundesverwaltungsgericht, die prospektive Studienreferendarin Lawrie-Blum als Arbeitnehmerin im Sinne von Art. 48 EWGV angesehen und andererseits den beamteten Vorbereitungsdienst für ein Lehramt nicht als Beschäftigung in der öffentlichen Verwaltung im Sinne des europäischen Gemeinschaftsrechts. Für das reine Ergebnis, nämlich auch in Baden-Württemberg nichtdeutsche EG-Bürger als Studienreferendare zuzulassen, läßt sich angesichts entsprechender Regelungen in anderen Bundesländern, sogar beim sicher noch „staatsnäheren" juristischen Vorbereitungsdienst, zweifellos Manches sagen. *Stefan Forch* hat das in einer intelligenten Besprechung des Urteils näher ausgeführt[20]. Ich möchte hier mehr auf die Methodik des Gerichtshofes abstellen, sozusagen auf sein erkenntnisleitendes Interesse, das – kaum verwunderlich – an der Linie der „Gravier"-Doktrin festhält und sie weiterentwickelt. Dies geschieht freilich wiederum in einem dezisionistisch knappen, kaum argumentativen Urteilsstil, hinsichtlich dessen mit Recht die Frage aufgeworfen worden ist, ob er bei allem Verständnis für die Art der Willensbildung in einem heterogen zusammengesetzten, supranationalen Spruchkörper dem justiziellen Verkehr mit traditionsreichen obersten Gerichten der Mitgliedstaaten dienlich ist[21].

Methodisch ergibt sich ein auffallender Gegensatz. Den Begriff des Arbeitnehmers im Sinne von Art. 48 EWGV legt der Gerichtshof ganz weit aus. Er stellt nur auf ein gegenseitiges Leistungs-/Vergütungsverhältnis privater oder auch öffentlicher Art ab, sodaß auch beamtete Studienreferendare als solche Arbeitnehmer erscheinen. Auf der anderen Seite

---

[20] Oben Fn. 19.
[21] Vgl. schon *Oppermann*, Deutsche und europäische Verfassungsrechtsprechung, Staat 1967, S. 445 ff. Möglicherweise trägt dieser Stil des EuGH auch etwas zu seinen gelegentlichen Kontroversen mit hohen nationalen Gerichten bei, wie z. B. mit dem Bundesfinanzhof seit BFH EuR 1981, S. 442, über die Direktwirkung von EG-Richtlinien. Dazu *Seidel*, Die Direkt- oder Drittwirkung von Richtlinien des Gemeinschaftsrechts, NJW 1985, S. 517 ff.

erfolgt eine strikte Einschränkung des Vorstellungsbildes von der Beschäftigung in der öffentlichen Verwaltung im Sinne von Art. 48 Abs. 4 EWGV. Dieses wird auf die Teilnahme an der Ausübung hoheitlicher Befugnisse oder „auf Verhältnisse besonderer Verbundenheit des Stelleninhabers zum Staat" zurückgedrängt, wobei dann abschließend nur lakonisch festgestellt wird, diese nicht näher umrissenen, sehr engen Voraussetzungen seien bei Studienreferendaren nicht erfüllt. Die übergreifende Linie der Entscheidung des EuGH läßt sich eigentlich nur als durchgängiges Bestreben begreifen, den Kreis der Freizügigkeitsberechtigten möglichst auszudehnen, weil ein „Grundprinzip der Gemeinschaft" berührt wird. Dabei ist – wie bei „Gravier" – ein wichtiger Punkt, bereits die Phase der Ausbildung, hier im Vorbereitungsverhältnis, so weit als möglich in den Freizügigkeitsstatus einzubeziehen. Das wird über die ziemlich gekünstelte Begründung erreicht, in dem begrenzten Unterricht des Referendars an der Schule die Gegenleistung von gewissem wirtschaftlichen Wert zu erblicken, die den Referendarsbezügen gegenübergestellt wird. So begründet der EuGH ein Arbeitnehmerverhältnis im gemeinschaftsrechtlichen Sinne. Dagegen sind mancherlei Einwände möglich, auf die ich hier nicht näher eingehe[22]. Zu den Merkwürdigkeiten des Lawrie-Blum-Urteils gehört auf der anderen Seite, daß sich der EuGH bei seiner anschließenden Ablehnung, daß Vorbereitungsdienst Beschäftigung in der öffentlichen Verwaltung im Sinne von Art. 48 Abs. 4 EWGV sei, auf die bereits erwähnten sehr undeutlichen Definitionsversuche darüber einläßt, was „spezifische" = hoheitliche Tätigkeiten der Verwaltung" sind, wie er sich ausdrückt. Viel naheliegender und überzeugender wäre gewesen, auch insoweit auf den vorübergehenden Ausbildungscharakter des Dienstverhältnisses abzustellen, das gerade heutzutage bei Studienreferendaren keineswegs regelmäßig in eine endgültige Einstellung als Lehrer im Öffentlichen Dienst mehr führt, sondern seine Funktion ebensosehr in der Vorbereitung auf private Beschäftigungsverhältnisse hat, sei es bei Privatschulen oder in anderen nichtöffentlichen Beschäftigungsverhältnissen. Verfassungsrechtlich ist uns die analoge Fragestellung im Verhältnis zwischen Art. 12 und 33 GG bei der Zulassung von solchen Referendaren wohlvertraut, deren Verfassungstreue nicht über jeden Zweifel erhaben ist – ohne daß ich diesen Vergleich zu Lasten Europas weiter treiben möchte![23]

---

[22] Näher *Forch* a. a. O. (Fn. 19).
[23] Vgl. etwa *Gubelt*, in: v. Münch, GG-Kommentar, 3. Aufl. 1985, Art. 12, Rdn. 20.

Ich breche vielmehr an dieser Stelle meine begrenzten Hinweise auf das
Lawrie-Blum-Urteil des EuGH ab. Sie sollten vor allem die sich in einer
ständigen Rechtsprechung fortsetzenden Bemühungen des Gerichtshofes
verdeutlichen, die Ausbildungsphase als eine Art Vor-Berufsphase zu
begreifen. Daraus leiten sich dann, wie beim Arbeitnehmer und Selbständigen, Freizügigkeits- und „Bildungs-Rechte" auf europäischer Ebene ab,
die den ausbildungsmäßigen Status praktisch aller jungen EG-Bürger
anreichern. Im Falle „Gravier" war dies die Studentin, die als möglicher
künftiger Wanderarbeitnehmer bereits für ihr Studium europaweite Freizügigkeit und Inländergleichbehandlung beanspruchen darf.

Sachverhaltlich etwas anders, aber in der Grundtendenz gleich, soll im
Falle Lawrie-Blum die praktische Phase öffentlicher Ausbildung durch
eine zielgerichtete Konstruktion als ein arbeitnehmergleiches Rechtsverhältnis begriffen werden, das dann unmittelbar Art. 48 EWGV unterstellt
ist. Die Folge ist hier inländergleicher Zugang zu einem öffentlichrecht-
lich ausgestalteten Ausbildungsverhältnis. Im einen wie im anderen Falle
führt dies, denkt man die „Gravier-Philosophie" weiter, zu einer wesentlichen Stärkung, wenn nicht sogar zu einem qualitativen Wandel der
Position der Gemeinschaft in der Berufsausbildungspolitik. Über die ihr
unbestritten zustehende Aufgabe, ergänzende Bildungsrechte zugunsten
des wirtschaftlich tätigen Personenkreises zu schaffen, der im EWGV
eindeutig als Freizügigkeitsberechtigte umrissen ist, werden hier Umrisse
einer eigenständigen ausbildungspolitischen Aufgabe der Gemeinschaft
sichtbar. Eine solche gemeinsame Ausbildungspolitik hätte nicht nur den
Marktbürger im eigentlichen Sinne, sondern den EG-Bürger schlechthin
im Visier. Auf dem Wege zur Europäischen Union nähme die EG
zugleich die Gestalt einer Bildungsunion an.

III. Möglichkeiten und Grenzen europäischen Richterrechts in der Ausbildungspolitik

Sollte eine solche vorausdenkende und vorwärtstreibende Rechtsprechung des EuGH eigentlich nicht nur auf ungeteilte europäische Zustim-
mung stoßen? Auf den ersten Blick könnte die „Gravier-Doktrin" des
EuGH in der Tat nur sympathisch stimmen. Kommen wir nicht auf
diesem Wege dem eingangs angesprochenen „Europa der Bürger" endlich
etwas näher, in dem der Einzelne anstelle der traurigen Meldungen von
den Kosten der Gemeinsamen Landwirtschaftspolitik zur Finanzierung
von Butterbergen und Weinseen oder der angeblich alles reglementieren-
den Brüsseler Bürokratie für sich persönlich einen konkreten Sinn der
Gemeinschaft erkennen kann?

1. „Gravier" als Stück integrationsfördernder Rechtsprechung

Man darf als sicher unterstellen, daß die geistigen Antriebskräfte hinter dieser bald anderthalb Jahrzehnte alten Ausbildungsrechtsprechung des Gerichtshofes in ungefähr diese Richtung gehen. Man muß zugleich deutlich festhalten, daß die europapolitische Grundhaltung, die hier zum Ausdruck kommt, alles andere als einen willkürlichen Alleingang des EuGH darstellt, mit dem er sozusagen eigene Rechts- und Europapolitik betreiben würde. Der Gerichtshof befindet sich mit seiner „Gravier-Doktrin" in vollkommener Übereinstimmung mit einer großen Zahl politischer Bekundungen zugunsten einer gemeinsamen europäischen Bildungs- und Berufsbildungspolitik, teilweise von höchster amtlicher Stelle. In der vom Generalsekretariat des Rates der EG 1986 wieder herausgegebenen Sammlung „Erklärungen zur Europäischen Bildungspolitik" befinden sich über 20 Entschließungen, Berichte, Überlegungen, Schlußfolgerungen usf. des Ministerrates und der im Rat vereinigten Minister, die seit 1971 zur ausbildungsmäßigen Seite des „Europas der Bürger" abgegeben worden sind[24]. An ihrer Spitze steht die Stuttgarter Feierliche Deklaration zur Europäischen Union vom 19. 6. 1983, in der die Staats- und Regierungschefs der EG-Staaten die Förderung und Erleichterung des Studentenaustausches zu einer besonderen politischen Zielsetzung der Gemeinschaft machen. Wie schon gesagt, bezieht sich der EuGH im Gravier-Urteil auch unmittelbar auf solche Bekundungen der Gemeinschaftspolitik zur Erhärtung seiner zentralen These, daß die Berufsausbildungspolitik in den Anwendungsbereich des EWGV eingetreten sei und damit der Gleichheitssatz des Art. 7 EWGV anwendbar geworden sei.

Außerdem liegt die Vermutung nicht fern, daß sich der Gerichtshof bei dem weitreichenden Schritt, Schüler, Studenten und Referendare als künftige Arbeitnehmer und Selbständige in gewissem Umfang in den Kreis der Freizügigkeitsberechtigten aufzunehmen, von früheren Erfolgen bei ähnlich fortschrittlichen Urteilen hat inspirieren lassen. Jeder Kenner des Gemeinschaftsrechts weiß, in welchem Maße der Europäische Gerichtshof mit einigen berühmt gewordenen Entscheidungen zur Stärkung der Befugnisse der EG und zur Entwicklung des europäischen Gemeinschaftsrechts überhaupt beigetragen hat. Im Urteil „Van Gend & Loos" 1963 hat er in markanter Anwendung von völkerrechtlicher Betrachtungsweise und durchaus *gegen* den Wortlaut bestimmter Normen des EWGV die Doktrin der unmittelbaren Anwendbarkeit („Durch-

---

[24] Oben Fn. 14.

griffswirkung") bestimmter Normen der Verträge entwickelt und damit den individuellen Rechtsschutz erhöht[25].

1964 brachte das Urteil „Costa/ENEL" erstmals die geschlossene Vision der Gemeinschaftsordnung als eigenständiger Rechtsordnung zwischen Völkerrecht und Landesrecht, verbunden mit dem unbedingten Vorrang des Gemeinschaftsrechts vor den nationalen Rechten der Mitgliedstaaten einschließlich ihrer Verfassungen[26]. Seit Ende der sechziger Jahre hat der Gerichtshof ferner in einer ständigen Rechtsprechung die Existenz ungeschriebener Gemeinschaftsgrundrechte im Sinne von allgemeinen Rechtsgrundsätzen des Gemeinschaftsrechts festgestellt und diese Doktrin in zwei Jahrzehnten gegenüber anfänglichen Zweifeln und Zögern der nationalen obersten Gerichte einschließlich unseres Bundesverfassungsgerichts mehr und mehr durchgesetzt[27]. Es gäbe noch weitere Beispiele. So mag man auch die „Gravier-Doktrin" als einen neuerlichen Anlauf des EuGH verstehen, im Wege integrationsfördernder Rechtsprechung im Einklang mit erkennbaren Tendenzen der Europapolitik die Möglichkeiten der Gemeinschaftsaktion dynamisch auszuweiten. Dabei stellt die Grenze zwischen herkömmlicher Rechtsfindung und richterlicher Rechtsschöpfung für ihn kein unüberwindbares Hindernis dar.

2. Grenzen und Gefahren europäischen Richterrechts

So weit, so gut! Kein aufgeklärter Europäer bestreitet heute mehr die eben angesprochenen großen Verdienste des Gerichtshofes um die Sache der europäischen Einigung. Der Jurist im besonderen weiß um die spezifische Rolle eines übernationalen Verfassungsgerichts, wie es der EuGH auch ist, bei der Wahrung eines Rechtes wie des europäischen Gemeinschaftsrechtes, das immer noch zu einem guten Teil „law in the making" ist, d. h., das ebensosehr entfaltet wie „gefunden" werden muß[28]. Gleichwohl handelt es sich bei dieser dem Gerichtshof anvertrauten, wie mein Hamburger Lehrer *Herbert Krüger* zu sagen pflegt, „staatsmännischen" Aufgabe unvermeidlich um die schmale Gratwanderung zwischen

---

[25] EuGHE 1963, 3 ff. – RS 26/62. Vgl. etwa auch *Colin*, Le gouvernement des juges dans les Communautés Européennes, 1963.

[26] EuGHE, 1251 ff. – RS 6/64. – Jetzt wieder *Everling*, Zum Vorrang des EG-Rechts vor nationalem Recht, DVBl. 1985, S. 1201 ff.

[27] Seit EuGHE 1969, 425 ff. – RS 29/69 „Stauder/Ulm" st. Rspr. Nunmehr endgültiges Einschwenken des deutschen Bundesverfassungsgerichts auf diese Linie mit BVerfGE 73, 339 ff. („Solange II"), dazu *Ipsen*, Das Bundesverfassungsgericht löst die Grundrechtsproblematik, EuR 1987, S. 1 ff.

[28] *Everling*, Der Beitrag des Europäischen Gerichtshofes zur Entwicklung der Gemeinschaft, Entwicklungsperspektiven der EG 1985, S. 195 ff.

europapolitisch förderlicher Rechtsfortbildung und einer fragwürdigen Vorwegnahme von Rechtsetzung anstelle der eigentlich gesetzgebenden Instanzen, in der Gemeinschaft also Rat oder Kommission. Auf europäischer Ebene ergibt sich aus dem Gesamtcharakter der EG sogar besonderer Anlaß, diese im einzelnen nie bestimmbare, gleichwohl vorhandene Grenze nicht zu sehr zu überschreiten. Die Gemeinschaft ist, wie insbesondere *Walter Hallstein*, einer ihrer Gründerväter, immer wieder betont hat, nach bisherigem Stand nur Rechtsgemeinschaft[29]. Das bedeutet, daß sie ganz anders als ein mit Militär, Polizei und Gerichtsvollziehern ausgestatteter Staat auf den freiwilligen Rechtsbefolgungswillen ihrer Mitglieder angewiesen ist. Die eigentliche Zwangsgestalt liegt noch bei den Mitgliedstaaten, die insoweit für die Gemeinschaft handeln und nötigenfalls ihrem Recht zur Durchsetzung verhelfen. Das gilt auch für die Vollstreckung der Urteile des Gerichtshofes, die über die Organe und nach den Vorschriften desjenigen Mitgliedstaates erfolgt, in dessen Hoheitsgebiet sie stattfindet (Art. 187, 192 EWGV). Bei dem festgestellten Verstoß eines Mitgliedstaates gegen eine Vertragsverpflichtung bedarf es nach st. Rspr. des EuGH überhaupt keiner Vollstreckung, wie indirekt aus Art. 171 EWGV hervorgehe. Hier ergibt sich aus dem rechtskräftigen Urteil vielmehr ohne weiteres das Verbot, vertragswidrige nationale Vorschriften weiter anzuwenden, beziehungsweise die Pflicht, innerhalb des Mitgliedstaates die Durchführung des Urteils zu gewährleisten[30]. Anders ausgedrückt, ist es also der Respekt der Mitgliedstaaten einschließlich ihrer Behörden und Gerichte vor dem Gemeinschaftsrecht, der die europäische Rechtsordnung aufrechterhält. In der Gemeinschaftspraxis ist nun leider festzustellen, daß es um diesen Respekt nicht immer gut bestellt ist. Ein Bericht des Rechtsausschusses des Europäischen Parlamentes aus dem Jahre 1982 (Bericht *Sieglerschmidt*) hat festgestellt, daß 1981 bei insgesamt 72 Verurteilungen von Mitgliedstaaten durch den EuGH in nicht weniger als 40 Fällen es mit der Befolgung des Urteils in der einen oder anderen Form gehapert hat[31]. Zwar darf diese Zahl nicht als offene Auflehnung gegen die Spruchpraxis des Gerichtshofes in den Mitgliedstaaten mißverstanden werden. In den meisten Fällen hatten die nationalen Instanzen entgegen Art. 171 EWGV nur nicht die notwendigen Durchführungsmaßnahmen ergriffen. Sie hatten sich schlicht passiv verhalten. Dabei handelte es sich zumeist um Fälle der Nichtdurchfüh-

---

[29] *Hallstein*, Die EWG – Eine Rechtsgemeinschaft (1962), in: Hallstein, Europäische Reden, 1979, S. 341 ff.
[30] *Schniedewind*, Vollstreckung und Vollstreckungsbehelfe im Recht der EG, 1972.
[31] Dok. EP 1-1052/82. Dazu auch *Philipp*, EG-Magazin 3/1983, S. 7 f.

rung gesetzgeberischer EG-Richtlinien durch nationale Parlamente infolge bestimmter parlamentarischer Konstellationen. In solchen Fällen stehen die Regierungen auch bei gutem Willen faktisch vor der Unmöglichkeit der Durchsetzung des Gemeinschaftsrechts. Es bleibt nur die Hoffnung auf Änderung der parlamentarischen Situation, die unter Umständen durch eine Zweitverurteilung durch den Gerichtshof erleichtert werden kann. Es darf aber auch nicht verschwiegen werden, daß in einem – allerdings bisher singulären Fall („Schaffleisch") – die französische Regierung sich trotz eines entsprechenden Urteils des EuGH geweigert hat, ein bestimmtes Einfuhrhindernis zu beseitigen, weil sie mit der Entscheidung schlechthin nicht einverstanden war[32]. Auch der Fall unseres deutschen Bundesfinanzhofes gehört in weiterem Sinne in diesen Zusammenhang. Er weigert sich, ähnlich wie der französische Conseil d'Etat, beharrlich, einer ständigen Rechtsprechung des Gerichtshofes und der nahezu einmütigen Auffassung der Theorie zu folgen und die Möglichkeit der unmittelbaren Wirkung von Richtlinienvorschriften im deutschen Recht anzuerkennen[33]. Ich füge hier in Berlin gerne hinzu, daß demgegenüber die Judikatur des Bundesverwaltungsgerichts sich in dieser Frage in Übereinstimmung mit dem EuGH befindet[34]. Überhaupt muß man diese „Horrorzahlen" der Verweigerung der nationalen Rechtsbefolgung gegenüber der EG in der richtigen Dimension sehen. Nicht nur ist die Zahl der Konfliktfälle sehr gering im Verhältnis zur Loyalität gegenüber der Gesamtzahl der Entscheidungen des Gerichtshofes. Auch im Verhältnis zwischen Mitgliedstaaten und EG, der eigentlich neuralgischen Zone, bleibt zu bedenken, daß nach demselben Bericht des Europäischen Parlamentes nicht weniger als 80–90 % aller Streitigkeiten zwischen der EG-Kommission und Mitgliedstaaten bereits vor einer Klagerhebung beim EuGH in beiderseitigem Einvernehmen gütlich beigelegt werden können.

Trotz allem ist die eben erwähnte Negativbilanz der Befolgung des Gemeinschaftsrechts groß genug, um darin ein Wetterleuchten für den EuGH jedenfalls in dem Sinne einer Mahnung zu sehen, seine Urteile in ihrer rechtsdogmatischen Qualität – wozu nicht zuletzt ein Plausibilität erzeugender Argumentationsreichtum gehört – so unmittelbar einsichtig zu halten, daß Akzeptanzprobleme bei den Rechtsunterworfenen vernünftigerweise nicht auftreten können. Dabei gelten solche Anforderungen um so stärker, je mehr sich der Gerichtshof in kühn rechtsfortbildenden Entscheidungen über die klassische Richterrolle hinaus begibt. So

---

[32] EuGHE 1980, 1319 ff. – Verb. RS 24 u. 97/80 R.
[33] Oben Fn. 21.
[34] BVerwGE 74, 241 ff.

betrachtet, stellen sich im Falle der „Gravier-Doktrin" gewisse Schwierig-
keiten ein, über die nunmehr noch einmal in dem positiv-kritischen
Freimut gesprochen werden darf, wie er gegenüber der höchsten europäischen Gerichtsinstanz angemessen ist.

3. Die Schwachstelle der „Gravier-Doktrin": Fällt Ausbildungspolitik in den Anwendungsbereich des Vertrages?

Ich erwähnte bereits früher, daß die Urteile „Gravier" und „Lawrie-
Blum" nur die Fortsetzung einer seit 1974 begonnenen Ausbildungsrechtsprechung des EuGH darstellen. Diese war von den Rechtsunterworfenen
zunächst nie ernsthaft angezweifelt worden. Man könnte sich daher
fragen, ob nicht die „Gravier-Doktrin" lediglich die konsequente Fortsetzung jener Linie darstellt. Bei genauerer Betrachtung zeigt sich jedoch,
daß mit „Gravier" erstmals die Grenze zwischen normaler Rechtsausle-
gung und bewußter Rechtsfortbildung erreicht und teilweise überschrit-
ten worden ist. Vorher hatten sich die Urteile im fraglos anerkannten
Bereich der Arbeitnehmerfreizügigkeit des Art. 48 EWGV gehalten und
deren ausbildungsrechtliche Konsequenzen klargestellt. So wurde im
ersten Urteil „Casagrande" 1974 dem Kind eines EG-Wanderarbeitneh-
mers bescheinigt, daß es im Sinne von Art. 12 der VO 1612/68 unter den
gleichen Bedingungen wie die Staatsangehörigen des Gaststaates an der
Lehrlings- und Berufsausbildung teilnehmen könne[35]. Dies wurde kurz
darauf in einem ähnlichen Fall noch einmal bestätigt (Urteil „Alaimo")[36].
Eine erste folgerichtige Weiterentwicklung findet sich sodann 1975 in der
Entscheidung „Cristini", in der ebenfalls ein EG-Gastarbeiter unter
Hinweis auf Art. 7 Abs. 3 der VO 1612/68 bestätigt erhielt, daß ihm alle
sozialen Vergünstigungen eines Inländers zustünden, darunter die gleichen Rechte bei der Inanspruchnahme von Berufsschulen und Umschu-
lungszentren. Einen nicht unwesentlichen Schritt näher zur „Gavier-
Doktrin" bedeutete schließlich das Urteil „Forcheri" aus dem Jahre
1983[37]. Hier ging es um dieselben belgischen Studiengebühren wie im
Falle Gravier, welche die Ehefrau eines italienischen EG-Beamten in
Brüssel zahlen sollte. Also eigentlich nicht eine Arbeitnehmerin im Sinne
von Art. 48 EWGV. Dennoch erklärte der Gerichtshof kurzerhand, daß
auch die europäischen Beamten und ihre Familien in den Genuß derselben
sozialen Vorteile kommen müßten wie die Wanderarbeitnehmer. Verbun-

---

[35] EuGHE 1974, 773 ff. – RS 9/74. Dazu *Oppermann* (Fn. 7), S. 15 und *Magiera*
(Fn. 4), S. 227.
[36] EuGHE 1975, 109 ff. – RS 68/74.
[37] EuGHE 1983, 2323 ff. – RS 152/82.

den mit einer Anwendung des Gleichheitssatzes nach Art. 7 EWGV wie ähnlich später im Falle „Gravier" wurde eine unzulässige Diskriminierung der Frau Forcheri darin gesehen, daß sie als in Belgien rechtmäßig wohnende Angehörige eines anderen EG-Mitgliedstaates Studiengebühren zahlen sollte, die von Belgiern nicht verlangt wurden. Trotz geringer tatbestandlicher Ähnlichkeiten mit dem Sachverhalt „Gravier" erscheint die vom Gerichtshof zwischen Wanderarbeitnehmer- und EG-Beamtenfamilien im Falle „Forcheri" gezogene Analogie noch folgerichtig und tragfähig. Bei beiden Gruppen handelt es sich um solche Personen, die nach Gemeinschaftsrecht rechtmäßig und für längere Dauer in das EG-Gastland übergesiedelt sind. Die Übertragung der durch die FreizügigkeitsVO 1628/68 den Arbeitnehmerfamilien ausdrücklich gewährten Ausbildungsrechte auf die Beamtenfamilien lag somit nahe.

Natürlich ist es immer schwierig und wirkt dann im konkreten Falle leicht etwas beckmesserisch, bei einer derart Fall für Fall sich langsam vortastenden Kasuistik wie bei der Ausbildungsrechtsprechung des EuGH (im Deutschen spricht man hier manchmal von der „Salamimethode") irgendwo *den* Punkt zu bestimmen, wo die immer weiter gezogene Analogie zum unstreitigen Grundsachverhalt nicht mehr überzeugt, mit anderen Worten, wo der Akt voluntativer richterlicher Rechtsschöpfung beginnt. Dennoch zögere ich nicht, in dem Übergang von „Forcheri" zu „Gravier" den entscheidenden „qualitativen Sprung" im Sinne des Wechsels von herkömmlicher Auslegung zu bewußter Setzung von Richterrecht zu sehen, den berühmten Schritt über den Rubikon, der dann in dem Urteil „Lawrie-Blum" für eine besondere Situation weiter verfestigt wurde. Hier geht es um Schüler, Studenten und Referendare aus EG-Staaten, denen direkt nach dem allgemeinen Gleichstellungsgebot des Art. 7 EWGV in Unterstellung ihres künftigen Wunsches, vielleicht einmal EG-Wanderarbeitnehmer werden zu wollen, Ausbildungsrechte in den EG-Gaststaaten ihrer Ausbildungsplatzwahl gewährt werden. Also: ähnlich den seßhaft gewordenen EG-Arbeitnehmern, wird in dieser Konstellation, losgelöst vom Freizügigkeitsstatus des Art. 48 EWGV, praktisch sämtlichen interessierten EG-Bürgern die ausbildungsmäßige Gleichbehandlung zugesprochen. Das ist der entscheidende und weitreichende Schritt des Gravier-Urteils! Die Ausbildungsrechte sind hier nicht mehr verständliche Ergänzungen der sich aus Art. 48 ableitenden Freizügigkeitsberechtigung des Arbeitnehmers und seiner Familie. Es wird vielmehr umgekehrt auf der Grundlage einer als existent behaupteten gemeinsamen Ausbildungspolitik eine eigenständige EG-Ausbildungsfreiheit proklamiert. Diese müßte im übrigen, wenn sie gemeinschaftsrechtlich besteht, eigentlich wie im Falle der Wanderarbeitnehmer Einreise-, Aufenthalts- und Ausreiserechte sowie die soziale Gleichstellung der „EG-Ausbildungsinteressenten" mit den jeweiligen Schülern und Studenten des Gaststaates nach sich ziehen. Um nur einen wichtigen, vom EuGH noch nicht entschiedenen, aber bereits bei ihm anhängigen Problemkreis in diesem Zusammenhang zu benennen: müßte dann nicht auch der EG-Gastschüler oder -student in seinem Gastland wie ein Inländer in die nationalen Studienförderungssysteme einbezogen werden, also in Deutschland z. B. in das Bundesausbildungsförderungsgesetz?

Solche Perspektiven, es sei noch einmal wiederholt, fügen sich in die Zielvorstellung eines „Europas der Bürger" sehr wohl ein. Die hier interessierende Frage ist jedoch, ob eine so weitreichende Konzeption, wie sie in der „Gravier-Doktrin" bei näherer Prüfung angelegt sein könnte, wirklich durch ein immer weiter ausgedehntes Richterrecht aus Luxemburg „angeordnet" werden kann. Oder ob es hier nicht der politischen Willensbildung der für die Rechtsetzung in der Gemeinschaft verantwortlichen Organe bedarf, also Europäisches Parlament, Kommission und vor allem Ministerrat. Die Zweifel in diesem Zusammenhang sind deshalb so groß, weil die auslegungsmäßige Brücke, auf welcher der Gerichtshof zu seiner Behauptung einer bereits real existierenden europäischen Ausbildungspolitik gelangt, bei näherer Prüfung äußerst schmal und brüchig ist. Mangels eingehenderer anspruchsbegründender Normen werden die Ausbildungsrechte der EG-Gastschüler und -studenten unmittelbar dem Nichtdiskriminierungsgrundsatz des Art. 7 EWGV entnommen. Das setzt voraus, daß die europäische Ausbildungspolitik sich bereits „im Anwendungsbereich des EWGV" befindet[38]. Alles, was der EuGH an Begründung hierfür anzubieten hat, besteht in knappen Verweisen auf die Bildungsrechte der Freizügigkeitsverordnung 1612/68 (die nicht direkt anwendbar ist), auf einen plakativen „allgemeinen Grundsatz" aus dem Ratsbeschluß von 1963 zur Berufsausbildung und auf das schon erwähnte „soft law" letztlich unverbindlicher politischer Ratsentschließungen zur Berufsbildung. Das überzeugt kaum. Zwar muß man sich vor dem Extrem hüten, zum Anwendungsbereich des EWG-Vertrages restriktiv nur diejenigen Materien zu rechnen, die bereits durch verbindliche Akte des sekundären Gemeinschaftsrechts weitgehend durchnormiert sind[39]. Gleiches gilt aber für die ihrerseits einseitige Vorstellung des Gerichtshofes, zum Anwendungsbereich gehörten bereits alle auch nur marginal im Vertrage wie in Art. 128 angesprochenen und sonst

---

[38] Dazu *Grabitz*, in: Grabitz (Hrsg.), Kommentar zum EWGV (Losebl.), 1983 ff.; Art. 7 Rdn. 16.

[39] Zum Folgenden näher *Bleckmann*, in: Groeben/Boeckh/Thiesing/Ehlermann, Kommentar zum EWGV, 3. Aufl. 1983, Art. 7, Rdn. 25 ff.; *Oppermann* (Fn. 7), S. 54 ff.

nur sehr allgemein oder rein politisch erwähnten Sachbereiche, und das
selbst dann, wenn solche Erwähnungen inhaltlich nur Absichtserklärungen über künftige Pläne und Aktivitäten darstellen. Sozusagen *eine Fata
Morgana als existente Ausbildungspolitik*. Wenn man die noch fehlenden
politischen Einigungen über die Inhalte europäischer Ausbildungspolitik
durch den „gerichtlichen Zwang" fortgesetzter Auslegung der allgemeinen Grundnorm des Art. 7 EWGV ersetzen wollte, wäre wahrscheinlich
bald der Zeitpunkt absehbar, in dem der Bogen des in den Mitgliedstaaten
akzeptablen Integrationsstrebens überspannt würde. „Einbeziehung in
den Anwendungsbereich des Vertrages" setzt das Vorhandensein eines
nennenswerten, in der Gemeinschaftspraxis bereits angewendeten Normenbestandes voraus. Die Praktizierung des „schneidigen" Diskriminierungsverbotes des Art. 7 EWGV erscheint in solchen Zusammenhängen
als verständliche Zusatz- und Folgemaßnahme und nicht als gerichtliche
Ersatzvornahme für fehlende Entscheidungen des Gesetzgebers.

Ganz besonders gilt dies, wenn wie im Berufsbildungssektor in
Art. 128, nötigenfalls in Verbindung mit Art. 235 EWGV ausdrücklich
vorgesehen ist, daß die betreffende Politik durch den Erlaß sekundären
Gemeinschaftsrechts konkretisiert werden soll. Noch nicht beschlossenes
Gemeinschaftsrecht im voraus durch Auslegung des Art. 7 EWGV zu
ersetzen, läßt die den gesetzgebenden Instanzen zugewiesene Rechtsetzungskompetenz unvertretbar leerlaufen. In der Außerachtlassung dieser
Grundsätze, welche die Gewaltenteilung in der EG berühren, liegt die
entscheidende Schwachstelle der „Gravier-Philosophie". Sie würde noch
schwerer erträglich werden, falls der Gerichtshof seine Doktrin in künftigen Entscheidungen weiter ausdehnen wollte, also insbesondere in den
leistenden Bereich, z. B. in bezug auf die Gleichstellung der EG-Gastschüler und -studenten mit Inländern bei der Vergabe von Ausbildungsförderung durch Stipendien usf. Bei dem Tatbestand des Falles „Gravier",
nämlich der Ausdehnung einer Gebührenfreiheit auf EG-Ausländer, ging
es um einen Liberalisierungsaspekt, bei dem die Anwendung einer Nichtdiskrimierungsnorm wie des Art. 7 bei allen Zweifeln dogmatisch unkompliziert war. Bei der Ausdehnung allgemeiner Systeme der Ausbildungsförderung, wie z. B. des deutschen Bundesausbildungsförderungsgesetzes, bliebe dagegen außer dem bereits Gesagten zusätzlich zu bedenken,
daß es sich hier gleichermaßen um bildungs- und sozialpolitisch motivierte Maßnahmen handelt. Sie liegen gemeinschaftsrechtlich gesehen im
Schnittpunkt zweier grundsätzlich nach dem EWGV in der Verantwortung der Mitgliedstaaten verbliebener Bereiche (Bildungs- und Sozialpolitik), in denen die EG im wesentlichen nur über schwache Koordinierungszuständigkeiten verfügt. Hier bedürfte es eines besonders eindeutigen, schon nach der bisherigen Ausnutzung der Art. 117 ff., 128 EWGV

nicht ernsthaft zu führenden Nachweises der substantiellen Vergemein-
schaftung, um den sozialen Leistungsbereich unter den Anwendungsbereich des Vertrages gemäß Art. 7 fallen zu lassen. Dabei ist mit zu
bedenken, daß sich die nationalen Ausbildungsförderungssysteme der
EG-Staaten nach dem Kreis der Anspruchsberechtigten, der Art und
Höhe der Förderung u. a. m. so weit voneinander unterscheiden, daß aller
Voraussicht nach einer gleichstellenden Liberalisierung zur Vermeidung
von Verzerrungen gewisse rechtsangleichende Koordinierungsmaßnah-
men vorausgehen müßten[40]. Bis dahin entspricht es dem geltenden Ent-
wicklungsstand des Gemeinschaftsrechts, die finanzielle Verantwortung
für die Ausbildungsförderung von Schülern und Studenten, die zeitweilig
in einen anderen Mitgliedstaat übersiedeln, bei ihrem Heimatstaat zu
belassen (mit Ausnahme auch hier der anders geregelten Situation bei den
auswärts seßhaft gewordenen Wanderarbeitnehmern und ihrer Familien)[41]. Bei den Referendaren mag es anders liegen, wenn man die Argumentation im Falle „Lawrie-Blum" übernimmt, daß im Vorbereitungsdienst bereits ein arbeitnehmergleiches, von Leistung und Gegenleistung
geprägtes Rechtsverhältnis vorliegt, das zur Anwendung von Art. 48
EWGV führt[42].

4. Ausbildungsaufenthalte als passiver Dienstleistungsverkehr?

Nur kurz erwähnt werden kann hier schließlich, daß der Gerichtshof
wohl aus guten Gründen bisher nicht auf eine andere Argumentation
eingegangen ist, die gelegentlich zur Begründung einer umfassenden
ausbildungsrechtlichen Gleichstellung von EG-Gastschülern und -stu-
denten außerhalb ihrer Heimatstaaten vorgebracht wird. In Anknüpfung
an Rechtsprechung des Gerichtshofes, die in anderem Zusammenhang
erging (Fall „Luisi und Carboni"), soll der Schüler bzw. Student im
fremden Mitgliedstaat als ein Empfänger von Dienstleistungen begriffen
werden, der sich zur Entgegennahme solcher Leistungen, etwa in Gestalt

---

[40] Dieses Problem ist dem EWGV aus dem Niederlassungsrecht und dem freien
Dienstleistungsverkehr geläufig, vgl. insbes. Art. 57 Abs. 2, 3, 66 EWGV und
neuerdings etwa *Roth*, Die Harmonisierung des Dienstleistungsrechts in der EWG,
EuR 1986, S. 340 ff., EuR 1987, S. 7 ff.; *Wägenbaur*, Neue Wege zur Anerkennung
der Hochschuldiplome – Die Verwirklichung der Freizügigkeit in der Gemeinschaft, EuR 1987, S. 113 ff.
[41] In diesem Sinne auch *Hailbronner*, Die Einreise und der Aufenthalt von
EG-Angehörigen, ZAR 1984, S. 176 ff.; *Steindorff*, Ausbildungsrechte im EG-
Recht, NJW 1983, S. 1231 ff.; *Magiera* (Fn. 4), DÖV 1987, S. 221 ff.
[42] *Forch* a. a. O. (Fn. 19).

von Unterricht oder auch von Stipendien in den Gaststaat begibt[43]. Auf diese Weise würden die Regeln der Art. 59 ff. EWGV über die Freiheit des Dienstleistungsverkehrs auf die Auszubildenden in Anwendung gebracht. Sie würden hiernach auch den sog. passiven Dienstleistungsverkehr umfassen. Diesen Personen würden aus den erwähnten Rechtsgrundlagen Freizügigkeits-, Aufenthalts- und möglicherweise auch Teilhaberechte an dem Förderungsangebot der Ausbildungsstätten des Gastlandes gewährt[44]. Also wiederum eine sehr weit führende Theorie! Man kann durchaus bezweifeln, ob das Konzept der passiven Dienstleistungsfreiheit als solches schon zu Ende gedacht worden ist. Im Grunde würde es z. B. jeden deutschen *Urlauber in Italien zu einem mit allerlei Rechten befrachteten EG-Dienstleistungsempfänger* machen und in letzter Konsequenz zu einem gemeinschaftsweiten Aufenthaltsrecht für sämtliche EG-Bürger führen. Ich stelle mich aber hier einmal auf den Boden dieses vom Gerichtshof grundsätzlich legitimierten Konzeptes. Selbst dann wären bei EG-Gastschülern und -studenten gewichtige Zweifel gegeben, die sich aus der Längerfristigkeit von Ausbildungsaufenthalten in den Gastländern ergeben, sowie aus dem Fehlen des mit Dienstleistungen im Sinne des EWGV typischerweise verfolgten unternehmerischen oder unternehmerähnlichen Erwerbszweckes. Sie würden der Deutung von Ausbildungsaufenthalten in anderen EG-Staaten als passiver Dienstleistungsverkehr entgegenstehen[45].

IV. Abschließende Bemerkungen

Einige kritische Fragen mußten notwendigerweise an die „Gravier-Doktrin" gerichtet werden, um dem Gerichtshof gewisse Konsequenzen seiner letzten Erweiterungen der Ausbildungsrechtsprechung vor Augen zu führen. Der EuGH wäre gut beraten, wenn er den mit „Gravier" und „Lawrie-Blum" getanen Schritt einer fragwürdigen Herleitung von Bildungsrechten unmittelbar aus Art. 7 EWGV in seiner ganzen Tragweite bei passender Gelegenheit noch einmal überprüfen und präzisieren würde. Dabei gilt die Besorgnis, das dürfte hinreichend deutlich gewor-

---

[43] EuGHE 1984, 377 ff. – RS 286/82 und 26/83. Dazu auch kritisch *Oppermann* (Fn. 7), S. 46 ff.

[44] Zu diesen Konsequenzen auch *Hübner*, Die Dienstleistungsfreiheit in der EG und ihre Grenzen, JZ 1987, S. 330 ff.; *Seidel*, Die Dienstleistungsfreiheit in der neuesten Rechtsentwicklung, in: Schwarze (Hrsg.), Der Gemeinsame Markt, 1987, S. 1 ff.

[45] Hierzu *Troberg*, in: Groeben/Boeckh/Thiesing/Ehlermann (Fn. 39), Art. 60 Rdn. 2; *Oppermann* (Fn. 7), S. 48.

den sein, nicht so sehr den einzelnen Ergebnissen dieser integrationsfreu-
digen Rechtsprechung. Es kann in einer Gemeinschaft, die sich allmählich
von einem wirtschaftlich geprägten Gemeinsamen Markt zu einer allge-
meinpolitischen Europäischen Union wandeln möchte, ein beherzigens-
wertes Anliegen sein, daß Studenten aus EG-Staaten in der ganzen
Gemeinschaft Ausbildungsfreiheit gewährt wird und daß sie in ihren
Bildungsrechten ebenso wie die jeweiligen Inländer behandelt werden, bei
der Zulassung zum Unterricht, der Zahlung von Studiengebühren und
auch bei der Vergabe von Stipendien. Das kürzlich in eingegrenzter Form
vom Rat verabschiedete ERASMUS-Programm eines durch die EG finan-
ziell unterstützten Studentenaustausches zwischen Hochschulen in der
EG ist ein Schritt in dieser Richtung. Ebenso mag man es für zeitgemäß
halten, das Referendariat für Lehrer oder auch Juristen unter Absehen
von der Staatsangehörigkeit für inländergleich qualifizierte Angehörige
anderer EG-Staaten zu öffnen. Im Europäischen Parlament ist sogar
jüngst 1986 nach Erlaß des Urteils „Lawrie-Blum" über dieses hinaus in
einer Entschließung die Mobilität der Lehrer bei gleicher Ausbildung in
der ganzen Gemeinschaft gefordert worden[46]. Auch unserem deutschen
öffentlichen Dienstrecht tut es unter manchen Aspekten gut, daß sich die
Rationalität seiner Regelungen innerhalb der EG im Vergleich mit anderen Rechtsordnungen oftmals befragen lassen muß.
   Aber auch dann bleibt die hier gestellte grundsätzliche Frage bestehen,
welches die legitimen Organe und Methoden sind, um eine erstrebens-
werte gemeinsame EG-Ausbildungspolitik als einen wichtigen Bestandteil
des „Europas der Bürger" voranzubringen. Wer ist berufen, das Recht der
Gemeinschaft zu setzen? Man kann den Gerichtshof verstehen, wenn er
sich bemüht, gelegentlich auch in den mehr objektivrechtlich geprägten
Vorlageverfahren nach Art. 177 EWGV bei von ihm als ungerecht emp-
fundenen Einzelfällen wie der Françoise Gravier und Deborah Lawrie-
Blum zu helfen. Dilemma jeder Verfassungsgerichtsbarkeit! Auch berührt
sympathisch, wenn der Gerichtshof sich gewissermaßen dazu hinreißen
läßt, die jahrzehntelange unverbindliche Europarhetorik auf zahllosen
Ministerräten oder gar EG-Gipfeltreffen beim Wort zu nehmen und mit
justizförmigen Mitteln die dort versprochene schrittweise Enwicklung
einer Gemeinsamen Politik der Berufsausbildung in Angriff zu nehmen.

---

[46] Berichte *Münch/Fontaine* der Ausschüsse des EP für Jugend, Kultur, Bildung, Information und Sport sowie für Recht und Bürgerrechte, EP-Dok. A 2-
119/1986, S. 25 ff., 39 ff. – Dem Gerichtshof liegt inzwischen in Gestalt der
Rechtssache 235/87 („Mateuzzi") die Frage vor, ob EG-Ausländer (hier eine
Italienerin in Belgien) in Stipendienkontingente nationaler Kulturabkommen (hier:
deutsch-belgisches Kulturabkommen vom 24. 9. 1957) einbezogen werden müssen.

Ulrich Everling, heute einer der deutschen Richter am EuGH, hat früher einmal den Gerichtshof als die einzig funktionierende Gemeinschaftsinstanz bezeichnet. In solchem Erfolg liegt zugleich die Gefahr, zuviel von der Arbeit schwerfälligerer Gemeinschaftsinstitutionen mitzuübernehmen. Von der staatsmännischen Aufgabe der Verfassungsrechtsprechung im Sinne *Herbert Krügers* ist es nur ein kleiner Schritt zum fragwürdigen gouvernement des juges. Für die EG besteht auf dem schwierigen Wege zur Europäischen Union die Aufgabe nicht nur darin, ihre Zuständigkeiten zu mehren, sondern auch, sich weiter zu demokratisieren. Dazu gehört der grundsätzliche Respekt der richterlichen Gewalt selbst vor der Untätigkeit des Souveräns. Insofern bleibt gegenüber der „Gravier-Doktrin" von der angeblich bereits existierenden gemeinsamen europäischen Ausbildungspolitik zu bedenken, daß es die verfassungsgebenden Instanzen der Gemeinschaft in demselben Jahre 1985, als die Gravier-Entscheidung erging, durchaus in der Hand hatten, eine solche Politik in der Einheitlichen Europäischen Akte unzweideutig zu verankern, die sie im Februar 1986 als erste große Ergänzung der Gemeinschaftsverträge seit Jahrzehnten verabschiedeten. Gleichwohl findet sich in diesem Dokument entgegen den ständigen Bekundungen der im Rat vereinigten Bildungsminister seit 1971 so gut wie kein Wort zur Einrichtung einer Gemeinsamen Ausbildungspolitik[47]. Der Gerichtshof braucht sich deswegen nicht zu gleicher Untätigkeit verurteilt zu fühlen. Zu der ihm aufgegebenen Gratwanderung zwischen „Findung" und „Erfindung" des europäischen Gemeinschaftsrechts gehört aber unvermeidlich die weise Abschätzung, wieviel Wandel oder Fortschritt die in der Vernunft gründende Sachautorität des EuGH heutzutage ohne eigenen Schaden in einer Europapolitik bewirken kann, deren ursprünglicher Schwung seit den fünfziger und anfänglichen sechziger Jahren nachgelassen hat[48]. Jeder, der es mit dem europäischen Einigungswerk ernst meint, wird dem Gerichtshof in Luxemburg dabei weiterhin eine glückliche Hand wünschen! Wo könnte ich einen solchen Schlußsatz besser aussprechen als in Berlin, einer Stadt, deren hohe Gerichte und rechtswissenschaftliche Theorie zwar nicht seit 750, aber doch seit über 200 Jahren immer wieder Beiträge ersten Ranges zur europäischen Kultur der Jurisprudenz erbracht haben!

---

[47] Text Einheitliche Europäische Akte etwa in ABl. Gem. 1987, L 169/1 ff. – Die in dem neuen Art. 130 g, d) angesprochene „Förderung der Ausbildung und der Mobilität der Forscher aus der Gemeinschaft" zielt auf einen eindeutig engeren Sachverhalt und bekundet so im Umkehrschluß die Zurückhaltung des Gemeinschaftsverfassungsgebers gegenüber einer „breiten" gemeinsamen Ausbildungspolitik.

[48] Dazu auch *T. Stein* a. a. O. (Fn. 11).